Beautés de
GALWAY
du Connemara et du Burren

Photographies de Michael Diggin,
Bord Fáilte et Colour Library Books Ltd

Traduction: Raya Wall

Publié en Irlande par Gill and Macmillan Ltd
Goldenbridge
Dublin 8

Avec les compagnies associées d'Auckland, Budapest,
Gaborone, Harare, Hong Kong, Kampala,
Kuala Lumpur, Lagos, Londres, Madras, Manzini,
Melbourne, Mexico, Nairobi, New York,
Singapour, Sydney, Tokyo, Windhoek
© 1993 Colour Library Books Ltd, Godalming, Surrey
Imprimé et relié à Singapour par les presses Tien Wah
ISBN 0 7171 2071 6

Beautés de GALWAY du Connemara et du Burren

Gill and Macmillan

Même ceux qui ne connaissent que peu de choses sur l'Irlande, sur la fascination et l'attraction qu'elle exerce, ont entendu parler de Galway Bay, ne serait-ce que par la célèbre chanson. Et il est vrai que le crépuscule sur Galway Bay est un spectacle remarquable.

L'océan bordé au nord et au sud par les collines de Connacht réfléchit le rougeoiement du soleil couchant avec un éclat parfois insoutenable. Mais les eaux de la baie ne sont pas toujours propices. Ses rivages déchiquetés ont revendiqué un nombre intimidant de naufrages au cours des siècles, parmi lesquels les débris de l'Armada espagnole.

La rivière Corrib se jette à la tête de la baie et la ville de Galway se trouve au premier point de traversée de la rivière. Traditionnellement riche par le négoce du vin avec l'Espagne, Galway a toujours été une base maritime et, pendant de nombreuses années, le maire de Galway en était aussi l'amiral, chargé de patrouiller les abords ouest de l'Irlande; mais cette fonction cessa au siècle dernier. Les magnifiques masses et insignes royaux existent toujours cependant, tout comme le tracé rigide du centre-ville datant du 18 ème siècle. Mais ce n'est pas que le passé que l'on sent avec force à Galway. Une cathédrale massive à coupole, achevée en 1965, domine le Corrib, témoignant de la foi catholique des habitants.

Il est difficile de battre Galway pour ce qui concerne les distractions, surtout aux mois d'août et septembre. Aux Galway Races (courses), en août, les superbes chevaux irlandais disputent des trophées aussi prestigieux que la 'Galway Plate' et le 'Galway Hurdle', très convoités des entraîneurs. En septembre, Galway se plonge dans le Festival de l'Huître. Fondé sur la qualité légendaire des fruits de mer de Galway Bay, ce festival a gagné une renommée internationale. Le point culminant des évènements a lieu lors d'une compétition spéciale où l'on demande à des chefs de cuisine du monde entier d'ouvrir des huîtres. Le profane sera davantage intéressé par les énormes quantités de crustacés qu'offrent les bars et les restaurants de la ville.

A l'est de Galway se tendent les bras de terre du Connemara, belle et sauvage régions qui enchante les visiteurs depuis plusieurs générations. Sur la rive sud de Galway Bay, dans le comté Clare, s'étend le paysage unique du Burren, véritable trésor de ruines historiques. Caherconnel n'est que le plus important des massifs forts circulaires de pierre qui dominent les hautes terres du Burren. Construit en l'an 750 environ, alors que la puissance politique de la région déclinait, Caherconnel est l'un des derniers forts de ce type. D'autres forts de pierre du Burren témoignent à la fois de la prospérité et de l'esprit belliqueux de leurs anciens habitants; juste sous les plateaux se trouve Dun-

guaire Castle, belle demeure fortifiée d'un style qui devint populaire chez les petits propriétaires terriens durant les turbulences du 15 ème siècle.

Cependant, la véritable gloire du Burren réside non seulement dans son histoire mais aussi dans sa flore, qui est unique. Le calcaire et le schiste argileux des collines ont donné au sol un caractère particulier que seules certaines espèces peuvent tolérer. S'ajoute à cela un climat exceptionnellement doux et humide dû au Gulf Stream coulant près du littoral. Les orchidées sont parmi les fleurs sauvages les plus prolifiques du Burren et l'intérêt botanique est rehaussé par la présence de plantes méditerranéennes, alpestres et arctiques, toutes jouant des coudes pour prendre racine sous les rochers. Comment les graines de fougères, gentianes bleues, trèfles, géraniums et d'une foison de saxifrages en sont arrivées à germer puis pousser dans le Burren reste un mystère. De toute façon, le résultat est spectaculaire, surtout à la fin du printemps lorsque la majorité des espèces est en fleurs.

Le calcaire du Burren a créé une autre merveille, cette fois-ci sous terre. L'eau de pluie filtrant à travers les roches poreuses a sculpté un vaste réseau de grottes, certaines accessibles aux spéléologues seulement alors que quelques autres peuvent être explorées par les moins expérimentés. Les plus célèbres sont les Aillwee Caves où des tours guidés permettent de voir les formations rocheuses spectaculaires de ces grottes de 2000 ans. A Liscannor se trouve une eau souterraine d'un type différent: il s'agit de la source consacrée à Sainte Brigid qui attire de nombreux pèlerins.

Au nord de Galway Bay s'étale le paysage majestueux du Connemara, pour beaucoup la plus merveilleuse région d'Irlande. La beauté du pays tout comme le style de vie rural de sa population résultent du sol stérile des hautes terres. L'une des parties les plus intéressantes du Connemara est contenue à l'intérieur du Connemara National Park qui s'étend autour des sommets coniques des Twelve Bens.

La marche est certainement le meilleur moyen de profiter du paysage mais, attention, la beauté du Connemara est traîtresse. Même au milieu de l'été le plus chaud, les pistes de montagne restent humides sous les pieds. Brouillard et pluie peuvent tomber sans crier gare, augmentant la possibilité de s'égarer dans les tourbières dangereuses. Malgré ce risque, la fascination exercée par la splendeur du Connemara est indéniable.

Les eaux turbulentes de Galway Bay sont, depuis des siècles, le point de mire de cette région. Avec les attraits du Burren, du Connemara, de la ville de Galway, il n'est donc past surprenant que Galway Bay ait été immortalisée en chanson ni que les visiteurs, désireux d'explorer la beauté derrière la chanson, voient leur rêve se réaliser.

A gauche et au verso: Killary Harbour: cette crique étreinte par les montagnes est l'un des plus beaux panoramas côtiers du comté Galway.

En haut à gauche et à gauche: Vues côtières autour de Tully Cross (comté Galway). **Au-dessus et au verso:** Killary Harbour près de sa tête à Leenane. A quelque 12 mètres de profondeur, le fond est presque plat et ferme, faisant de Killary l'un des meilleurs ancrages naturels d'Irlande.

Ces pages: Le Gaeltacht du comté Galway incarne pour beaucoup de gens la face rurale de la vieille Irlande. En fait, on peut trouver des scènes rurales traditionnelles telles que celles-ci dans les régions encore plus reculées, mais la mécanisation gagne de plus en plus de terrain.

A droite et au verso: Kylemore Abbey, sur les rives de Kylemore Lough, se tient au nord des Twelve Bens. L'Abbaye est la création victorienne, d'après des plans de l'époque Tudor, de Mitchell Henry, riche négociant du nord de l'Angleterre. Pour ses célèbres jardins, Henry asséchа une vaste surface de troubière en bordure du lac.

Au-dessus et à droite: La côte du Connemara près de Clifden, l'une des plus importantes petites villes de la région. **En haut à droite:** Kingstown Bay où la côte de Galway se projette le plus loin dans l'Atlantique.

A gauche: Le bourg de Clifden, à l'ouest du comté Galway. Au début de l'automne, des milliers de visiteurs se rassemblent ici pour l'annuelle "Connemara Pony Show". La ville reste populaire toute l'année comme base pratique pour explorer le Connemara. A peu de distance d'ici se trouve la tourbière où Alcock et Brown s'écrasèrent après avoir survolé, sans escale, l'océan Atlantique en 1919.

En haut à gauche: Vue ouest à partir de Kingstown Bay. **A gauche:** Le soleil couchant sur Clifden Bay. **Au-dessus:** Mer houleuse à Slyne Head, l'île la plus à l'ouest du Connemara, selon certains. **Au verso:** Minuscule village blanchi à la chaux à Kingstown Bay.

A droite et au verso: Paysage autour du charmant port de pêche de Roundstone, seul endroit habité sur plusieurs kilomètres à la ronde. Cette région, très populaire chez les touristes, offre de belles plages et des sentiers de randonnées.

Au-dessus: Bateau sur la rive de l'un des nombreux petits lacs éparpillés autour de Glinsk, près de la frontière entre les comtés Galway et Roscommon. **En haut à droite:** Bertraghboy Bay, près de Roundstone. **A droite:** Roundstone Harbour (port de Roundstone).

A gauche: Mer paisible à Carna, centre de la lucrative industrie de la pêche au homard de Galway, qui vend ses prises aux meilleurs restaurants d'Irlande et de l'étranger. En juillet, le festival des arts locaux et des techniques agricoles traditionnelles offre une attraction supplémentaire pour les touristes.

A gauche: Les sommets du Connemara National Park. **Au-dessus:** Les Twelve Bens, les montagnes les plus spectaculaires de l'ouest du comté Galway, vues à travers la brume sur Clifden Bay. **Au verso:** L'aube sur les Twelve Bens.

A gauche: La turbulente rivière Owenriff du comté Galway coule vers la rive nord de Galway Bay près de Knock, petit village dont le nom, en gaélique, signifie "colline". C'est un village minuscule, blotti entre les Knocknalee Hills et la mer; il ne s'agit pas du lieu de pélerinage dans le comté Mayo appelé également "Knock".

Au-dessus: Ballynahinch Lake, qui s'étend au pied des Twelve
Bens. **A droite:** Courant effervescent s'abattant de Bengower sur
le lac de Ballynahinch. **Au verso:** Le lac de Derryclare.

A gauche et au verso: Lough Corrib, d'une longueur de 43 kilomètres, est bordé au nord par de nombreuses grottes. **Au-dessus:** Les montagnes de Maumturk s'élèvent à plus de 650 mètres et forment une longue arête allant de Killary Harbour à Lough Corrib.

Page d'en face et à droite: L'île-forteresse reculée de Dunguaire Castle, dans la baie de Kinvarra, récemment restaurée comme résidence privée. **En bas:** Vue de Kinvarra sur la rive sud de Galway Bay. **Au verso:** Vue aérienne de Kinvarra.

Au-dessus: La cathédrale de Galway, datant des années soixante, est un bâtiment souvent critiqué dans la ville. **A droite:** Galway University, bâtie en 1849 d'après le style de l'université d'Oxford. **Au verso:** Les docks de Galway, port important depuis six siècles.

Depuis sa fondation dans les années 1220 par les Burgos – famille normande – Galway a toujours été un endroit spécial. Elle a eu longtemps le monopole du commerce de cette région de Connacht et est devenue un centre pour les arts et le folklore. Un grand nombre de jeunes gens de Dublin et de l'est du pays viennent passer leurs vacances d'été ici, venant s'ajouter à la communauté jeune et animée centrée autour de l'université.

Ces pages: Les Galway Races (courses de chevaux) ont lieu au Ballybrit Racecourse (hippodrome), à une demi-heure de marche de la ville. Aux courses, parmi les spectateurs, on remarque un mélange étonnant de campagnards et de membres de la haute société irlandaise.

Au-dessus: La Spanish Arch à Galway, où accostaient les navires marchands qui transportaient le vin d'Espagne, commerce très profitable. **En haut à droite:** Pêcheurs au barrage de Salmon's Leap (le saumon qui bondit). **A droite:** Salthill, station balnéaire populaire à côté de Galway.

A gauche et en bas: Les murs de pierre de Inisheer, la plus petite des îles d'Aran. **Page d'en face:** La ville de Kilronan, sur Inishmore, est sans doute l'endroit des îles d'Aran le plus exploité sur le plan touristique. **Au verso:** La forteresse de pierre de Dun Eoghnachta à Inishmore, construite environ 500 ans avant J. C.

Ces pages: Scènes à Inishman, la "cadette" des îles d'Aran par sa taille et sa position. Moins fréquentée par les touristes, Inishmaan préserve davantage l'unique héritage culturel de ces îles aux confins de l'Europe.

A gauche: Dallages de calcaire dépouillés du Burren. La nature poreuse du calcaire infiltré d'agents chimiques contribue à former la flore extraordinaire de cette région.

A droite: Le dolmen de Poulnabrone sur le Burren du comté Clare. Les vestiges de ces cimetières préhistoriques, éparpillés à travers la région, témoignent d'une population assez considérable à l'époque de leur construction.

Ces pages: Paysages du Burren dominés par des rochers dénudés sous un ciel immense. Là où les plantes peuvent prendre racine, elles forment souvent de remarquables collections d'espèces alpestres et arctiques que l'on ne trouve nulle part ailleurs.

Au-dessus: Le Burren. **En haut et à droite:** Ballyvaughan, où beaucoup de visiteurs séjournant pour explorer le Burren. **A droite:** Ecluse de canal à Lisdoonvarna, ville d'eau célèbre en Irlande. **Au verso:** Paysage parsemé de lacs du comté Clare. **Dernière page:** Le dolmen de Poulnabrone.